Demasiado
Desesperado
Para Ser
Denegado

Demasiado Desesperado Para Ser Denegado

...detrás del **velo** es donde la **Fe** Cruza la **Línea** del **Tiempo**

C.S. Upthegrove

Hope Harvest Publishing
Kentwood, Michigan 49518

PÁGINA DE LA CASA EDITORA

Demasiado Desesperado Para Ser Denegado
Detrás del VELO es Donde la Fe
Cruza la Línea del Tiempo
Publicado por Hope Harvest Publishing
P.O. Box 8353
Kentwood, MI
49518
www.hopeharvest.com
Hope Harvest Book Stores
616-248-7990
Arte de Cubierta y Diseño Gráfico por HHP
Ilustrador: Michael Lautenbach

Publicado originalmente bajo el título:
Too Desperate To Be Denied

Traducido por Déborah López

Copyright © 2006

Todos los derechos reservados

ISBN# 0-9763695-2-4
UPC # 821988-873212

CONTENIDO

CONTENIDO Continuación...

Introducción

Detrás del Velo es donde la fe cruza la Línea del Tiempo. En la Biblia existen varios ejemplos donde una cosa sucedió antes de su tiempo, ¡por causa de una gran fe! Él ve nuestro corazón y Él *se mueve de acuerdo a nuestra fe en ÉL, no en otros.*

Sólo cuando cerramos todas las demás puertas de nuestra mente, estamos verdaderamente _**solos con Dios**_. El precio para estar a solas con Dios es grande, ¡pero resulta en 7 grandes bendiciones! Estas siete bendiciones se repiten a través de los tiempos Bíblicos e históricos, así como también en nuestros días.

Una de las claves para obtener tus deseos más profundos es rehusarte a dejar Su Presencia sin ellos. Cuando nos volvemos demasiado desesperados para ser denegados, es cuando nuestro Padre Celestial se mueve a nuestro favor. Y *cuando* Él se mueve, no es cualquier cosa pequeña. No sólo es grande, sino que el tiempo no se retrasa.

Demasiado Desesperado Para Ser Denegado

CUANDO LLEGAS
AL FINAL DE TU SOGA
AMARRA UN NUDO EN ELLA
Y ESPERA...
LA AYUDA VIENE EN CAMINO

1

Demasiado Desesperado
Para Ser Denegado

Hace mucho que no me sentía tan entusias-mado acerca de un mensaje para la iglesia, y las millones de personas desesperadas en este mundo que han llegado al final de su soga. CUANDO LLEGAS AL FINAL DE TU SOGA, AMARRA UN NUDO EN ELLA Y ESPERA, LA AYUDA VIENE EN CAMINO. No importa lo que hagas, ¡lee este libro! Después de más de sesenta años en el ministerio, el Espíritu Santo me ha dicho que ante cualquier cosa, escriba esto para Su Iglesia (significando el pueblo de Dios en todo el mun-do.) He aquí las escrituras concernientes a los más grandes ejemplos de algunos que estuvieron demasiado desesperados para ser denegados.

Antes de ir demasiado lejos en este tema, estudiemos el título: "Demasiado Desesperado Para Ser Denegado."

(1) Desesperado - significa impulsado a, o resultante de la falta de esperanza. Tener un gran deseo o necesidad con muy poca oportunidad de remedio, causando desesperación.

(2) Denegado - significa el acto de decir "no" a una solicitud o demanda. Negarse a aceptar una doctrina. La oposición de un acusado de una reclamación, o cargo contra él o ella.

(3) Por favor compare la palabra desesperado y denegado contra esta palabra: IMPORTUNIDAD. Significa rehusarse a ser denegado.

... Persistencia al solicitar, o demandar... INSISTENTE (no será movido), importunar con solicitudes o demandas, molestar, rogar, o hacer cualquier cosa para conseguir lo que necesita.

Estas son descripciones crudas de una persona que está demasiado desesperado para ser denegado. Recuerda la palabra importunidad... pedir con urgencia o demandar... forzar la voluntad de uno sobre otro sin derecho ni invitación. Por favor, mantenga todas estas explicaciones en mente mientras continúa leyendo. Dios me dijo que dijera que ya es el tiempo, es pasado el tiempo, de reclamar su milagro. No permita que la sociedad ni ninguna otra cosa le detenga de tener lo mejor de Dios. ¡MUÉSTRESE!

Ten Misericordia
de Mí Oh Señor

'Oh mujer,
grande es tu fe;
hágase contigo
como quieres.'

2

Ten Misericordia de Mí
Oh Señor

En Mateo 15:22-28 habla de una mujer de Canaán, una sirofenicia que se negó a irse de la presencia del Señor sin su milagro. "Y he aquí una mujer cananea que había salido de aquella región clamaba, diciéndole: ¡Señor, Hijo de David, ten misericordia de mí! Mi hija es gravemente atormentada por un demonio. Pero Jesús no le respondió palabra. Entonces acercándosele sus discípulos, le rogaron, diciendo: Despídela, pues da voces tras nosotros. Él respondiendo, dijo: No soy enviado sino a las ovejas perdidas de la casa de Israel. Entonces ella vino y se postró ante él, diciendo: ¡Señor, socórreme! Respondiendo él, dijo: No está bien tomar el pan de los hijos, y echarlo a los perrillos. Y ella dijo: Sí, Señor; pero aun los perrillos comen de las migajas que caen de la mesa de sus amos. Entonces respondiendo Jesús, dijo: Oh mujer, grande es tu fe; hágase contigo como quieres. Y su hija fue sanada desde aquella hora."

Marcos 7:25-30: "Porque una mujer, cuya hija tenía un espíritu inmundo, luego que oyó de él, vino y se postró a sus pies. La mujer era griega, y sirofenicia de nación; y le rogaba que echase fuera de su hija al demonio. Pero Jesús le dijo: Deja primero que se sacien los hijos, porque no está bien tomar el pan de los hijos y echarlo a los perrillos. Respondió ella y le dijo: Sí, Señor; pero aun los perrillos, debajo de la mesa, comen de las migajas de los hijos. Entonces le dijo: Por esta palabra, vé; el demonio ha salido de tu hija. Y cuando llegó ella a su casa, halló que el demonio había salido, y a la hija acostada en la cama."

Aprovechando
La Oportunidad Para Salir De un Dilema

¿Cuántas veces Dios nos ha
dado la oportunidad de salir
de nuestro dilema... y sin embargo
nosotros nos sentimos inseguros
de tener la fuerza para hacerlo?

3

Aprovechando
la Oportunidad
Para Salir de un Dilema

La mujer de quien se nos habla en Mateo 15:22-
28 hizo que el Señor se maravillara ante su de-
mostración de fe..., sin embargo, pocas personas
hoy día carecen del entendimiento de cuán grande fue este milagro. Juan 1:11 dice, "A lo suyo vino, y los suyos no le recibieron." Jesús vino primero a la casa de Israel. Él sabía que más tarde
Él llevaría todo lo que Él tenía a los gentiles también. Esta mujer siendo una gentil, (sirofenicia),
era mirada como un perro, no merecía de Su bendición, (de acuerdo a la cultura de aquella épo-
ca).

Antes de que puedas obtener algo de Dios,
primero debes hacer lo que ella hizo en Mateo

15:22. La Biblia dice que ella era una mujer cananea que había "salido" de aquella región. Ella tuvo que dejar la situación en la que estaba el suficiente tiempo para <u>salir</u> y buscar ayuda.

Muchas personas están tan atadas con problemas en el hogar, que no salen afuera lo suficiente para buscar la ayuda apropiada. Quizás ella tenía alguna comprensión de Isaías 43:2. "Cuando pases por las aguas, yo estaré contigo; y si por los ríos, no te anegarán. Cuando pases por el fuego, no te quemarás, ni la llama arderá en ti."

Pero he aquí nuestro dilema. (Dilema significa: una situación que necesita escoger entre alternativas igualmente desfavorables o desagradables. En otras palabras, una situación en la cual uno debe escoger entre dos alternativas desagradables).

Ella estaba muy consciente de que la sociedad estaba en contra de ella, y sabía que el plan del diablo era denegarle su milagro. Pero algo le decía profundo en su interior que no se rindiera.

¿Cuántas veces Dios te ha puesto el deseo de salir de tu dilema y no rendirte... y sin embargo te inmovilizaste, inseguro de si podrías?

(La descripción de **doloroso** es: sufriente, difícil de soportar, muy serio, deplorable, atroz, profundo y agudo.) Pena y sufrimiento, ¿te suena familiar? Estar dolorosamente molestado con el diablo es peor que eso; siendo atormentado día y noche.

La Biblia dice que era un espíritu inmundo. (¿Ha tratado el diablo alguna vez de atarte con un espíritu inmundo?) Sé honesto: estos espíritus inmundos pueden encontrarse en tu computadora, en el periódico, en las portadas de revistas, por medio del teléfono o las películas.

El mismo espíritu que causó que Sodoma fuera destruida, está siendo enseñado hoy día en nuestra arena educacional como totalmente aceptable. De hecho, aquellos que escogen estar de acuerdo con la Biblia, son considerados arcaicos y parias. Esta es una vía fácil para que espíritus inmundos tomen los pensamientos de nuestros niños tal como lo hicieron con la hija de esta mujer, quien estaba poseída de demonios.

Siendo Específicos
En la Oración

...la mente espiritual
dice, "¡No importa lo que cueste,
buscaré ayuda!"

4

Siendo Específicos
En la Oración

Cuando la madre en <u>Mateo 15:22-28 fue especí-fica con su petición</u>, las cosas cambiaron dramáti-camente. El ciego Bartimeo en <u>Marcos 10:46-52 también fue específico</u> cuando él gritó "¡Que reco-bre la vista!". Muchos de ustedes no han recibido una respuesta a sus oraciones porque han sido ge-néricos en lugar de ser específicos con Dios.

Muchas veces cuando oramos, le pedimos a Dios que bendiga a la abuela, al abuelo, la tía Sa-lly, el tío Jorge, el primo Luis. Los oídos de Dios deben cansarse con nuestras generalidades. Lo que necesitamos hacer es decidir qué es lo que ne-cesitamos de Dios, entonces ser específicos, tal como la mujer sirofenicia. No había duda de su necesidad.

Ya ella había decidido en su mente espiritual que iba a conseguir ayuda. Hay una diferencia entre la mente espiritual y la mente carnal. La mente carnal dice, "Bueno, veré si puedo conseguir ayuda. Yo sé que estaré en compañía de ciertas personas que piensan que son mejores que yo. Especialmente desde que son los bendecidos. Me pregunto si me darán alguna atención." Por el contrario, la mente espiritual dice, "¡No importa lo que cueste, buscaré ayuda!".

La Oración Con Pasión

... rechazando estar más atados
por tradiciones y
espíritus de prejuicio.

5

La Oración Con Pasión

Los Diez Pasos En La Oración

1.   La oración de ella fue corta y al grano. En otras palabras, <u>ella fue específica.</u>

2.   <u>Ella fue humilde</u>. Dios desecha el orgullo. Antes del quebrantamiento es la soberbia, y antes de la caída la altivez de espíritu. Ella pudo haber dicho, "Soy tan buena como los demás aquí y se los dejaré saber." Escuchen, Santos, hay un movimiento activo en la iglesia hoy que alimenta un viejo espíritu de orgullo. No caigas en ese espíritu. Si Dios te ha bendecido con un poco de prosperidad, y vives mejor de lo que nunca has vivido, es mejor que vigiles esa palabra lla-

mada orgullo. Si quieres saber que clase de personalidad debemos tener, lee el capítulo 5 de Mateo, donde Jesús mismo nos dio las bienaventuranzas. Recuerda que esto también tiene que ver con tu actitud. Es básicamente eso. Debemos vivir en humildad, con contrición de espíritu, en arrepentimiento y mansedumbre.

Esto despertará una sed dentro de ti para ser lleno del Espíritu. También debemos tener misericordia y pureza.

3. <u>Su oración fue ferviente</u>. (Eso significa ardiente.) La palabra declara que la oración efectiva y ardiente del justo puede mucho. Dios no está interesado en oraciones frías.

4. <u>Su oración era desesperada</u>, y ella estaba demasiado desesperada para ser denegada. ¡AMÉN! Demasiado desesperado significa que has agotado todas las demás opciones, y que vas a esperar tu mejor oportunidad, que es Jesús mismo.

5. <u>Su oración fue racional</u>. Racional significa derivado del razonamiento. Ella tenía poder racional. Alabado sea Dios, racional también significa en posesión de razón o juicio propio. Ella tenía un argumento racional. ¡Gracias Jesús! <u>Cuando pones tu mente en Cristo, tu poder de razonamiento excede por mucho cualquier dardo que el diablo te pueda lanzar. ¡Esto es poderoso!</u>

6. <u>Su oración fue respetuosa</u>. Observa su acercamiento, "¡Señor, Hijo de David, ten misericordia de mí!" Observa también el respeto en la oración que Jesús enseñó a sus discípulos a orar. "Padre nuestro que estás en los cielos, santificado sea tu nombre."

Reconozcamos la presencia ante la cual entramos. Esto comprueba que esta mujer tenía un don sobrenatural que le permitía saber que Él era el Hijo de Dios, prometido por generaciones. Cuando ella dijo, "Hijo de David", fue como si dijera, "Oh Hijo de la Promesa, el Mesías, estás aquí y yo sé que tienes gran compasión. Ten misericordia de mí." De muchas maneras, ella tenía un conocimiento dado por Dios que algunos de los más cercanos seguidores de Jesús no tenían. Ella era una forastera, había crecido en el lado incorrecto del pueblo, y era mirada como un perro. Pero Jesús fue movido por la actitud de firme confianza de esta mujer. En otras palabras, para magnificar la fe, <u>Él permite que la prueba de nuestra fe asuma la forma de un conflicto.</u>

<u>Sólo porque la fe está siendo probada no significa que Jesús no será movido con una actitud respetuosa.</u> Tal prueba mostró a sus discípulos que ella era una hija espiritual. Este encuentro fue necesario para preparar a los discípulos mismos para recibir a esta mujer en su confraternidad. ¡Aleluya!

7. <u>Su oración fue llena de adoración</u>. Su adoración fue una devoción extrema con amor intenso y admiración, sabiendo la grandeza de Su carácter; honestidad, dignidad y virtud, intenso amor y admiración. Mateo 15:25 dice,

"Entonces ella vino y se postró ante él." En medio del rechazo, ella aún le adoró. ¿Podemos nosotros hacer eso? Mira los resultados.

8. <u>Su oración estaba llena de perseverancia</u>. La mayoría de los cristianos no alcanzarán su milagro porque no desean perseverar. Ella dijo en su corazón, "¡Si tengo que dejar mi casa para recibir mi milagro, lo haré! ¡Si tengo que perseverar hasta el punto de saber que soy un desecho de la sociedad, que sea! ¡Estoy demasiado desesperada para ser denegada!" ¿Alguna vez has escuchado la expresión, "Ora hasta que tu oración llegue"? La mayoría de los cristianos que conozco no oran hasta que sus oraciones llegan, ellos terminan de orar, y se rinden. A través de toda la Palabra de Dios, Él usó hombres y mujeres que perseveraron y no se rindieron.

9. <u>Su oración era determinada</u>. (Determinado significa: Tener una mente firmemente decidida, poner límites a, estar completamente persua-

dido.) Pablo dice en Romanos 8:38-39, "Por lo cual estoy seguro de que ni la muerte, ni la vida, ni ángeles, ni principados, ni potestades, ni lo presente, ni lo por venir, ni lo alto, ni lo profundo, ni ninguna otra cosa creada nos podrá separar del amor de Dios, que es en Cristo Jesús Señor nuestro." ¿Cuán determinado estás tú?

10.   <u>Su oración estaba llena de fe en Cristo</u>. En Mateo 15:26-27, cuando Jesús dijo, "No está bien tomar el pan de los hijos, y echarlo a los perrillos," ella respondió, "Sí, Señor; pero aun los perrillos comen de las migajas que caen de la mesa de sus amos." El hecho es que "sí, Señor" significa "estoy de acuerdo contigo que no soy merecedora, sin embargo los perrillos comen las migajas, que significa la abundancia de la comida de la mesa de sus amos." Mateo 15:28 dice, "Entonces respondiendo Jesús, dijo: Oh mujer, grande es tu fe; hágase contigo como quieres. Y su hija fue sanada desde aquella hora."

La clave es esta: <u>Ella no tenía derecho al convenio de la dispensación</u>. Pero, ¿cómo asombró esta mujer al mismo Jesús? ¡Con una fe tan grande que la hizo cruzar sin temor la línea de la tradición, esperando su milagro! Ella había estado atada por todas las leyes y espíritus de prejuicio de los judíos, pero se rehusó a estar más atada. En ese momento, ella dio un paso de fe y fue la pionera de una revolución para todos los gentiles. Ella entonces recibió y retuvo sus derechos de pacto, y reclamó el pan de los hijos, que era la sanidad para su hija. ¡Qué gran fe!

¿Qué Ha Puesto Él
En La Mesa Para Nosotros?

... ella sólo pidió las

migajas, y fue satisfecha

... ¡cuánto más podemos

nosotros disfrutar lo que ÉL ha

puesto en la mesa para nosotros!

6

¿Qué ha puesto ÉL en la mesa para nosotros?

¿Qué tú supones que estaba sobre la mesa? Verás, ella sólo pidió las migajas. De forma similar, una onza de un vaso de seis onzas de agua tiene una porción de todo lo que está en el vaso. Las migajas eran un bocado de todo lo que estaba en la mesa. ¡Gloria a Dios! Ni los apóstoles, ni ninguno otro fueron más bendecidos que esta mujer. Otra clave para esta historia es lo que estaba en la mesa.

Si los mismos perros eran sostenidos de lo que sobraba de <u>la superabundancia de la mesa del amo</u>, ¿cuánto más podemos nosotros disfrutar lo que está en la mesa cuando nos sentamos en nuestra silla espiritual para festejar de todo lo que está delante de nosotros? ¡Amén!

Esta mujer de gran fe obtuvo la sanidad, que era una porción del pan de los hijos. ¡Pero había más en la mesa! Después de recibir los latigazos en sus espaldas por nuestra sanidad, (y sabiendo que fue herido por nuestras transgresiones y molido por nuestras iniquidades), Él entonces dio Su vida en redención por nuestros pecados.

Y aún más, Él dijo, "Pero recibiréis poder, cuando haya venido sobre vosotros el Espíritu Santo."

En el capítulo 12 de 1 de Corintios Pablo habla un poco más acerca de lo que está en la mesa. "No quiero, hermanos, que ignoréis acerca de los dones espirituales. Sabéis que cuando erais gentiles, se os extraviaba llevándoos, como se os llevaba, a los ídolos mudos. Por tanto, os hago saber que nadie que hable por el Espíritu de Dios llama anatema a Jesús; y nadie puede llamar a Jesús Señor, sino por el Espíritu Santo. Ahora bien, hay diversidad de dones, pero el Espíritu es el mismo. Y hay diversidad de ministerios, pero el Señor es el mismo. Y hay diversidad de operaciones, pero Dios, que hace todas las cosas en todos, es el mismo. Pero a cada uno le es dada la manifestación del Espíritu para provecho. Porque a éste es dada por el

Espíritu palabra de sabiduría; a otro, palabra de ciencia según el mismo Espíritu; a otro, fe por el mismo Espíritu; y a otro, dones de sanidades por el mismo Espíritu. A otro, el hacer milagros; a otro, profecía; a otro, discernimiento de espíritus; a otro, diversos géneros de lenguas; y a otro, interpretación de lenguas. Pero todas estas cosas las hace uno y el mismo Espíritu, repartiendo a cada uno en particular como él quiere."

Utilizando los Nueve Dones Espirituales

¡Cuando recibes el
Bautismo del Espíritu
Santo-Con poder,
Tienes dentro de ti
al dador de los dones!

7

Utilizando los Nueve Dones Espirituales

Es extremadamente importante estudiar, conocer y vivir los nueve dones espirituales. Estos nueve dones están divididos en tres categorías para nosotros lograr un claro entendimiento.

1.   Pensar como Dios quiere que pensemos; esto es

       a) sabiduría

       b) conocimiento

       c) discernimiento

2.   Hablar como Dios quiere que hablemos; esto es

       a) lenguas

       b) interpretación de lenguas

c) profecía

3.   Actuar como Dios quiere que actuemos;
esto es

a) fe
b) sanidad
c) milagros

¡Esta es una porción del banquete en la mesa del Padre!

Si esta mujer recibió la sanidad de su hija por simplemente pedir las migajas que caían de la mesa, ¿cuánto más podemos nosotros hoy recibir todo lo que está delante de nosotros cuando nos sentamos en nuestra silla espiritual para festejar de todo lo que está en la mesa? ¡Esto es tan excitante que deseo gritar!

El próximo ejemplo bíblico se encuentra en el Salmo 23. ¿Qué crees que motivó a David cuando él estaba cruzando el valle de sombras y de muerte?

<u>¡El Señor le mostró una mesa en el otro lado donde Él sentó a David en presencia de sus enemigos y lo bendijo hasta rebosar!</u> ¡Gracias, Jesús!

Concerniente a los dones, la gente pregunta, ¿reclamas tener los nueve dones? Lo que yo reclamo es lo siguiente, <u>Yo tengo al dador de los dones, quien es el Espíritu Santo, y Él no está limitado.</u> Aunque puedes fluir más en un don que en otro, y esto es por las Escrituras, aún el Espíritu Santo puede en cualquier momento usarte en otros dones según sea la necesidad. Por ejemplo, si tú me pidieras que ore por alguien que tiene cáncer, yo te diría, 'Yo sólo tengo el don de sabiduría, no el don de sanidad, así que no puedo orar por ti aún, tengo que pedirle a Dios ese don'. Puede sonar ridículo, pero aún hay hijos preciosos de Dios que creen de esta manera. Ellos piensan que los dones están alineados como los postes de una verja. Ellos asumen, ahora tengo un don, así que tengo que orar hasta que obtenga otro. Eso no trabaja así.

Cuando recibes el bautismo del Espíritu Santo con poder, tienes dentro de ti al dador de los
dones. Si llega una necesidad especial, el Espíritu Santo ciertamente tiene suficiente poder para
tener cuidado de dicha necesidad, sin importar
cuál sea. Permíteme recordarte otra vez, que cada uno de los llamados y escogidos serán usados
más en un don que en otro.

Nueve Ingredientes
Para el Fruto
En la mesa

_La Fe_ es tan importante
para Dios,
que es suficientemente poderosa
para _cruzar_
la _línea del tiempo_.

8

Nueve Ingredientes
Para el Fruto
En la Mesa.

Cualquier dieta bien balanceada incluye frutas. <u>Gálatas 5:22-23</u> "Mas el fruto del Espíritu es amor, gozo, paz, paciencia, benignidad, bondad, fe, mansedumbre, templanza; contra tales cosas no hay ley."

¿Cuán asombroso es esto? <u>Hay nueve dones en 1 Corintios 12, más nueve ingredientes diferentes para establecer un fruto hermoso del Espíritu.</u> Permítame revelarle un pequeño conocimiento del fruto del Espíritu.

Ahora, hablemos del hermoso fruto que está sobre la mesa. Hay nueve en total. Permítame llevarle otra vez a Gálatas 5:22.

1) <u>El primer ingrediente hermoso es **amor**</u>. Amor es un sentimiento de profundo y tierno afecto y devoción. Juan 13:35 dice, "En esto conocerán todos que sois mis discípulos, si tuviereis amor los unos por los otros."

2) <u>El siguiente ingrediente es gozo</u>. ¡Alabado sea Dios! En medio de los problemas usted puede mantener su gozo. El gozo no es algo que usted tiene sólo cuando las cosas marchan bien. Isaías 51:11 dice, "Ciertamente volverán los redimidos de Jehová; volverán a Sion cantando, y gozo perpetuo habrá sobre sus cabezas; tendrán gozo y alegría, y el dolor y el gemido huirán." ¡Gracias, Señor; sólo piénsalo!

3) Mira todo lo que esta preciosa mujer encontró cuando comió las migajas. <u>**Paz** es el tercer ingrediente</u>. Jesús es el Príncipe de Paz. Juan 14:27a dice, "La paz os dejo, mi paz os doy." ¿No es asombroso cuántos cristianos conoces que no tienen paz? <u>La paz verdadera es un estado mental falto</u>

de turbación, ausencia de conflicto mental, serenidad en completa paz de mente. Paz significa tener tranquilidad, calma y quietud. Escuché una historia en una ocasión acerca de un millonario que ofreció un millón de dólares a cualquier artista que pudiera pintar un cuadro que mejor describiera un estado de paz. Un artista pintó un viejo campo de batalla, con viejos tanques oxidados y viejos aviones que habían sido derribados, con arbustos y árboles llenando el lugar donde la guerra había tomado lugar. Él tituló su obra 'Paz.' Otro artista pintó un hermoso prado con pastos verdes, y vacas pastando apaciblemente, y llamó su obra 'Paz.' El tercer artista dibujó un mar tempestuoso rompiendo contra unas rocas, y nubes negras traídas por un fuerte viento y lluvia. Unos árboles se doblaban en la orilla, y sin embargo alto en un peñasco se veía un pequeño gorrión con su cabeza levantada, piando y cantando como si nada estuviera sucediendo. El artista llamó su obra 'Paz,' y ganó el millón de dólares.

4) El cuarto ingrediente es **paciencia**.   En

Hechos 9:15-16, Jesús dijo concerniente a Pablo, "Vé, porque instrumento escogido me es éste, para llevar mi nombre en presencia de los gentiles, y de reyes, y de los hijos de Israel; porque yo le mostraré cuánto le es necesario padecer por mi nombre." Sí, Pablo tuvo que sufrir. Romanos 8:17b-18 dice, "si es que padecemos juntamente con él, para que juntamente con él seamos glorificados. Pues tengo por cierto que las aflicciones del tiempo presente no son comparables con la gloria venidera que en nosotros ha de manifestarse." ¡Esto me da deseos de gritar de júbilo! Muchas veces cuando llegan los sufrimientos, el diablo te hace creer que Dios te ha olvidado, cuando en realidad ésta puede ser la mejor indicación de que al fin has encontrado a Dios. La Biblia es muy clara acerca del sufrimiento: si sufrimos con Él, reinaremos con Él.

5) El quinto ingrediente es **benignidad.** Esto significa refinado, cortés generoso, bueno, paciente, de gentil disposición, apacible. Compárese a usted mismo con esta medida y regocíjese.

6) El sexto ingrediente es **bondad**. Bondad significa, producir resultados favorables, beneficioso, íntegro, genuino, honorable, agradable. Llevamos dentro de nosotros la bondad de Jesucristo mismo. Su personalidad debe ser nuestra personalidad.

7) El séptimo ingrediente es fe. Este es el único ingrediente que es también uno de los nueve dones. Es tan importante, que Dios no desea que nos falte. Porque sin fe, no podemos agradar a Dios.

La fe es tan importante para Dios, que es suficientemente poderosa para cruzar la línea del tiempo. Hay un tiempo para todo, pero siempre estamos esperando que las cosas sucedan antes o después de lo que Dios las ha planeado. Pero la línea del tiempo puede ser movida de acuerdo a nuestra fe en Él.

Ya que la fe le agrada, ¿por qué no llevarla un paso más al frente a una "gran fe?" Imagine cuánto más le agradará una gran fe. No sé usted, pero yo disfruto hacer lo mejor para agradar a mi Padre Celestial. No sólo le agrada a Él esto, sino que también se maravilla de ello. Imagine eso; ¡hacer que el Creador del Universo se maraville ante tu gran fe en Él!

Mateo 15:22-28 nos muestra que Jesús había venido para salvar a los judíos solamente (en ese tiempo); no a los gentiles. **Pero la mujer de gran fe, hizo que el Señor la aceptara en aquél momento, (negando la línea del tiempo original [de su programada aceptación]).** ¡Aleluya! ¡Esto resultó en que la "línea del tiempo para la salvación de todos los gentiles" fuera adelantada! ¿Has estado al final de la línea lo suficiente? ¡Tu gran fe te moverá de atrás hacia el frente en un instante!

Otra clave que quería señalar antes de movernos al octavo fruto es la forma en que ella se acercó a Jesús. Esta mujer era humilde, y sin embargo, persistente, atrevida, y se rehusó a dejar Su presencia sin el milagro. Después que los discípulos trataron de alejarla de Él (porque ellos pensaron que ella estaba molestando); la conversación se redujo a sólo Jesús y ella. Ella hablaba sin avergonzarse a nuestro Señor únicamente. Sea que estemos solos en nuestro lugar secreto con nuestro Señor, o en medio de una multitud, podemos estar a solas con Él, en cualquier lugar y en cualquier momento.

Hoy día debemos tener tiempo a solas con Jesús, y hablar con Él en humildad, pero con persistencia, atrevimiento, sin avergonzarnos, y rehusarnos a dejar Su presencia sin nuestro milagro. Detrás del velo, es donde Él estará. Es en Su presencia, detrás del velo, en el Lugar Santísimo, donde cualquier cosa puede suceder, y sucederá. Estar a solas con el Maestro detrás del velo, es la clave para mover nuestra línea del tiempo hacia adelante. ¿No prometió Él que haría una obra rápida en estos últimos días?

¿Has esperado lo suficiente? Él escucha tu

clamor, y ve tu corazón. Le servimos a un Dios que se mueve a nuestro favor cuando ve nuestra fe.

Quisiera poder escribir 1000 páginas acerca de este tema solamente, sin embargo no hay palabras que puedan describir con exactitud el temor de Su presencia... posándose en Su atmósfera celestial. Es adictiva y nos hace estar en humildad. Es indescriptible. ¡Es tan Santo! Su presencia nunca falla en llenar el cuarto donde Él dirige la trascripción de este tema. Por favor, tome un momento para empaparse de Su presencia, sólo siéntese en silencio y respire Su presencia.

8) El octavo ingrediente es **mansedumbre**. Mansedumbre significa: paciente, afable, no inclinado al enojo ni al resentimiento, gentil y amable. Recuerda que Jesús dijo en Mateo 5:5, "Bienaventurados los mansos, porque ellos recibirán la tierra por heredad."

9) <u>El noveno ingrediente es **templanza** - **(auto-control)**</u>. Templanza significa: moderación, sobriedad, de conducta comedida, el estado o cualidad de ser templado.

La Raíz Espiritual De Nuestros Cinco Sentidos

Mi voz oirás de mañana,
Oh Señor; en la mañana
Dirigiré mi oración a Ti.

9

La Raíz Espiritual

De Nuestros Cinco

Sentidos

Los cinco sentidos naturales del hombre comenzaron con una aplicación espiritual.

1) <u>Hablemos primero acerca del sentido del gusto</u>. La Palabra declara "Gustad, y ved que es bueno Jehová" Salmo 34:8. También el Salmo 119:103 declara "¡Cuán dulces son a mi paladar tus palabras! Más que la miel a mi boca." ¿Puedes imaginarte cuán dulces fueron las palabras de Jesús cuando dijo a esta mujer: "Hágase contigo como quieres?" Y su hija fue sanada desde aquella hora.

2) <u>Siguiente, hablemos del oído</u>. Esta preciosa mujer de la que hemos estado escribiendo descubrió que había una mesa más abundante de la que nosotros podamos imaginar. Gracias a Dios, Jesús escuchó su clamor. **Hay entre quinientas y seiscientas referencias al oído en la Biblia. Ahora, con ese número de escrituras, Dios debe haber deseado que nosotros escuchemos lo que Él nos está diciendo. Nosotros pasamos mucho tiempo orando, pidiendo, buscando y esperando. Todo esto es necesario, pero, ¿alguna vez has orado y te has detenido a escuchar lo que Él está diciendo?** El diablo ha convencido a muchos de ustedes que Dios no habla, pero verdaderamente, muchos han escuchado Su voz audible. Tres veces en mi vida, le he escuchado llamar mi nombre, pero hay muchas otras maneras de escuchar Su voz suave y quieta.

Así que, ¿cómo podemos escuchar lo que Él está diciendo? Las maneras intangibles son: Una impresión al corazón, confianza, una creencia firme, confidencia, dependencia, una seguridad más allá de toda duda, una bendita seguridad; y muchas más en lo tangible que son explicadas en el libro titulado: "Por Siempre Arruinado Para Lo Ordinario... La Aventura de Escuchar y Obedecer la Voz de Dios," por Joy Dawson. ¡Gracias a Dios que podemos escucharlo! El Salmo 5:3 dice, "Oh Jehová, de mañana oirás mi voz; de mañana me presentaré delante de ti, y esperaré." Juan 10:3 dice, "A éste abre el portero, y las ovejas oyen su voz; y a sus ovejas llama por nombre, y las saca." El verso 4 dice, "Y cuando ha sacado fuera todas las propias, va delante de ellas; y las ovejas le siguen, porque conocen su voz." El verso 5 dice, "Mas al extraño no seguirán." Santos, es tiempo de estar felices. ¡Él nos conoce, Él nos escucha, y gracias a Dios nosotros podemos escucharlo!

3) <u>Ahora hablemos acerca del sentido del olfato</u>. Efesios 5:2 "Y andad en amor, como también Cristo nos amó, y se entregó a sí mismo por nosotros, ofrenda y sacrificio a Dios en olor fragante." Sabor es aquella cualidad de algo que actúa en el sentido del gusto u olor.

Cuando un ciervo está siendo perseguido por un león, él correrá a un campo de lirios para que el olor de los lirios se le pegue y así confundir al león. Ahora, imagine esto: Cuando nos acercamos lo suficiente a nuestro dulce Señor Jesús para que Su olor se nos pegue, el diablo se confundirá y correrá hacia el otro lado. ¡ALABADO SEA DIOS! La palabra *sentido* significa la habilidad de los nervios y el cerebro de recibir y reaccionar a estímulos, como la luz, sonido, impacto, construcción; cualquiera de las cinco facultades de recibir impresiones a través de órganos específicos del cuerpo y los nervios asociados con ellos. Vista, tacto, gusto, olfato y audición.

Ahora, amigos, esta preciosa mujer de Mateo 15:22-28 estaba dispuesta a usar sus cinco sentidos, físicos y espirituales, y todo lo que estaba en ella para recibir su gran milagro.

4). Ahora, hablemos acerca de la vista. Ella vio al hijo de Dios y sabía que había algo, a pesar del rechazo, que le dio esperanzas para su milagro. A través de la Palabra de Dios, encontramos la frase *he aquí*, que significa mirar; y una vez que hayas mirado verdaderamente a Sus ojos, **_esa mirada_** te compele a dar una vuelta de ciento ochenta grados.

5). Hablemos acerca del sentido del **tacto**. Aunque ella no lo tocó con sus manos, ella tocó Su corazón. Ella lo alcanzó en espíritu, mente y determinación, y tocó el corazón de Dios a través de Su único Hijo. Esto me da escalofríos espirituales, ¡amén! Estoy seguro que recuerdas la mujer que tenía un flujo de sangre por doce años. Ella simplemente dijo para sus adentros, "Si tan solo pudiera tocar el borde de Su manto, seré sanada." Mateo 9:21-22.

Jacob estaba demasiado
Desesperado
Para ser Denegado

*'No te dejaré ir
hasta que me bendigas'*

10

Jacob Estaba Demasiado Desesperado Para Ser Denegado

Jacob fue otro hijo de Dios que tuvo que llegar a una situación donde estaba demasiado desesperado para ser denegado. ¿Recuerdas la palabra importunidad? Significa, rehusarse a ser denegado, persistencia al solicitar o demandar, insistente.

En Génesis 32:24-30 leemos, "Así quedó Jacob solo; y luchó con él un varón hasta que rayaba el alba. Y cuando el varón vio que no podía con él, tocó en el sitio del encaje de su muslo, y se descoyuntó el muslo de Jacob mientras con él luchaba.

Y dijo: Déjame, porque raya el alba. Y Jacob le respondió: No te dejaré, si no me bendices. Y el varón le dijo: ¿Cuál es tu nombre? Y él respondió: Jacob. Y el varón le dijo: No se dirá más tu nombre Jacob, sino Israel; porque has luchado con Dios y con los hombres, y has vencido. Entonces Jacob le preguntó, y dijo: Declárame ahora tu nombre. Y el varón respondió: ¿Por qué me preguntas por mi nombre? Y lo bendijo allí. Y llamó Jacob el nombre de aquel lugar, Peniel; porque dijo: Vi a Dios cara a cara, y fue librada mi alma."

Te ruego que prestes atención a la siguiente clave en este mensaje. Hay algunas revelaciones asombrosas acerca de Jacob. El verso 24 del capítulo 32 de Génesis dice, **"Así quedó Jacob solo."** Recuerda lo que dije acerca de la **mujer sirofenicia, que salió fuera de su zona cómoda y estuvo a solas con el Señor, así como Jacob.**

Otra vez debo enfatizar la importancia de la solución a tus inquietudes, que se encuentra en dejar todo aquello a lo que te has aferrado y meterte **a solas con Dios**. Es de la naturaleza humana desde que éramos bebés y a través de toda nuestra vida, desear asirnos a algo... **pero si tú realmente deseas una respuesta, métete a solas con Dios tan frecuentemente como puedas.**

Esto fue lo que me sucedió a mí en 1957, cuando estaba a solas con Dios en el bosque del norte de la Florida. Veintiún días en ayuno, y ¡Alabado sea Dios, ÉL SE MOSTRO! Después de ese encuentro angelical directo desde el trono de Dios, comencé a estudiar con desesperación otros personajes de la Biblia y de la historia, que habían pasado tiempo a solas con Dios.

Algunos de estos son:
Moisés, en Éxodo 24:2
Jeremías, en Jeremías 15:17
Daniel, en Daniel 10:08
Pablo, en Romanos 11:3 y en I Tesalonicenses 3:1
Rut, en Rut 1:16
Y el más importante de todos, **Jesús mismo**, en Mateo capítulo 4, mientras estuvo solo en el de-

sierto por 40 días ayunando, y otra vez en Lucas 9:18.

En la historia también hay muchos otros:

T.L. Osborn – a quien muchos llaman su padre espiritual por su inflexible criterio. Su tiempo a solas con el Maestro cambió su vida para siempre.

Madame Guyón – su tiempo pasado a solas con el Señor sacudió el trono y el papado. Ella influenció personas como John Wesley y muchos otros que todavía desean la vida profunda.

Kathryn Kuhlman – su tiempo a solas con el Señor causó que millones de personas buscaran la presencia de Dios. Un gran y genuino ministerio de sanidad floreció porque ella pasaba tiempo a solas con Dios aún en medio de las multitudes que atendían sus reuniones. Kathryn Kuhlman decía frecuentemente, "Él es todo lo que tengo; por favor no lo hieran, Él es toda mi vida." El ministerio de Kathryn Kuhlman comenzó en el verano de 1923. Después de haber sido ordenada por la Iglesia Alianza Evangélica en Joliet, Illinois, ella estableció el Tabernáculo de Avivamiento de Denver en 1935, el cual pastoreó por tres años. A mitad de los años 1940 ella fue a Franklin, Pennsylvania, donde comenzó a prosperar como predicadora y evangelista de la radio. Muchos fueron sanados en sus reuniones comenzando en 1947, y ella ganó reputación como una de las más sobresalientes evangelistas mundiales de sanidad, continuando como una figura destacada durante el movimiento carismático, hasta su muerte en 1976.

June Lewis – una apóstol que va a las ciudades y se encierra en un cuarto y guerrea, alaba, y se sienta en la presencia del Señor hasta que Dios viene y se muestra en sus reuniones.

Martha Wing Robinson – fue una de las mujeres más asombrosas; una de las madres del Pentecostés antiguo. Ella era muy parecida a Rees Howell, quien fue de igual manera transformado por el Espíritu Santo. Muchos que fueron enseñados por ella se convirtieron en líderes que tenían vida – algo diferente a los demás. Ella hablaba con pasión sobre la intimidad y la llenura de Dios que vendría en los últimos días.

Clara Grace fue otra mujer cuyo caminar con Dios fue tan asombroso que desafía descripción. Ella fue una de las pocas que alguna vez fueron reconocidas como Profeta por las Asambleas de Dios. Era hija de un ministro. En un tiempo cayó enferma de tuberculosis. Aún su propia familia la evadió durante su enfermedad. Determinada a ser sanada, ella pidió la oración de todos, incluyendo Smith Wigglesworth. Un día, estando bajo fuerte dolor, ella exclamó, "Señor, aun tus siervos no pueden ayudarme, ahora todo depende de Ti o me muero." De repente, Jesús se le apareció y le dio un pulmón nuevo. Ella tuvo numerosas visitaciones y derramamientos de los secretos de Dios. Su ministerio abarcó desde principios de Pentecostés (los años 20) a través de la lluvia tardía y hasta el movimiento carismático. Muchos la recuerdan como una oradora regular en las convenciones internacionales de Hombres de Negocio del Evangelio Completo.

Fuchsia Pickett "Una madre en Israel" entregada al cuerpo de Cristo para un tiempo de transición. Una noche ella recibió una visitación soberana de Dios. Estando sola en su casa, escuchó una voz que llamaba su nombre. Esta voz sonó más fuerte que un tono de voz normal. Luego de contestar 'Sí,' ella sintió que su cuarto se llenó de la presencia de Dios. Al principio nadie le contestó. Unos momentos más tarde esa voz llamó su nombre otra vez. Sabiendo que no había nadie en la casa, ella supo que estaba a punto de sostener una conversación a solas con Dios. En humildad, ella cayó al lado de su cama temblando y habló con Él. Fuchsia dijo, "Me rendí esa noche a Dios, aunque no sabía cómo ni cuándo ni dónde cumpliría el mandato que Él había dado a mi vida... **Mi divino "Maestro" había venido a llenarme de Él mismo y a _rasgar el velo entre mi alma y mi espíritu_.** Él intervino en mis circunstancias desesperadas y me sanó milagrosamente cuando mi mente no creía en la doctrina de sanidad. Durante los años que siguieron mi sanidad y bautismo en el Espíritu Santo, **fui impulsada a una nueva relación con Dios**. Experimenté revelación sobrenatural y un caminar en el poder del Espíritu Santo cual nunca había soñado posible."

Tommy Lee Osborne nació en el año 1923 en una familia de trece. Se convirtió a la edad de doce años. Dios lo llamó a predicar a la edad de catorce. Era joven, pero profundamente deseaba pasar tiempo a solas con Dios. A la edad de quince años comenzó a predicar. Ayunaba con frecuencia dos o tres días a la vez, apartándose del mundo exterior porque deseaba desesperadamente que Dios obrara a través de su vida. Él ayudó a E.M. Dillard en sus campañas en Arkansas, Oklahoma y California. En 1947, escuchó a Hattie Hammond hablar acerca de "Ver a Jesús". A la siguiente mañana él tuvo una visión de Jesús que cambió su vida.

A.A. Allen fue un pionero que estaba demasiado desesperado para ser denegado y cambió al mundo. A diferencia de muchos de sus contemporáneos en el avivamiento de sanidad divina, él levantó líderes que comenzaron a reproducir su ministerio, y dejó un legado. Siendo lleno del Espíritu Santo, a él no le importaba el color de la piel, sino el hambre por Dios. Él estaba determinado a derribar las diferencias raciales. Queda aún mucho misterio que rodea la vida de A. A. Allen. Algunos dicen que murió en debilidades, pero fue poderosamente usado por Dios. La iglesia entonces no tenía la revelación de la libertad y sanidad emocional que tenemos hoy.

Benny Hinn fue criado en Israel. Su padre era griego y durante la guerra de los seis días su familia fue desarraigada y movida a Canadá. Estando allí, Benny llegó al conocimiento de la salvación en Jesucristo. En su temprana vida cristiana, un amigo lo llevó a Pittsburgh, Pennsylvania a la reunión de una extraña mujer. La gente hacía fila por horas bajo frías temperaturas, y mientras esperaba en fila, Benny encontró al Espíritu Santo yendo a una reunión de Kathryn Kuhlman. Él sintió la atmósfera saturada de la presencia del Espíritu

Santo. Después de esa reunión el Espíritu Santo se convirtió en su mejor amigo, y buscó Su presencia con gran pasión de ese momento en adelante. La intimidad obtenida entre él y el Espíritu Santo lo lanzó a un ministerio mundial. Hace pocos años atrás él compartió ese secreto y búsqueda en su libro titulado "Buenos Días, Espíritu Santo".

Rodney Howard-Browne tuvo un encuentro con Dios a la edad de 19 años. Él estaba tan desesperado por más de Dios y Su fuego, que dijo, 'Dios, Tú bajas aquí o yo subiré allá.' Él presionó para obtener más del fuego de Dios, hora tras hora, estando demasiado desesperado para ser denegado. De repente, el fuego de Dios cayó sobre él y por un tiempo tuvo reuniones donde la unción caía sobre la gente como si fueran golpeados por bates de pelota. Este manto, le fue dicho, era para el futuro.

Myrtle Beall fue una pastora Pentecostal que estaba hambrienta de que Dios hiciera algo nuevo.

Dios le dijo que su iglesia iba a ser una armería. Esta armería sería usada para darles a los santos las armas de los dones espirituales que tristemente carecían en la posguerra de los años 1940 en América. Cuando ella escuchó de las apasionadas reuniones de avance en Canadá, ella condujo sola hasta la iglesia de Reg Layzell en Vancouver. Este fue un viaje de al menos mil millas, algo no visto para una mujer mayor que raramente conducía. Ella tenía un hambre insaciable por buscar las bendiciones. Su oración era, "No voy a dejarte ir, hasta que bendigas a Detroit." Dios escuchó su clamor y regresó allí con una nueva unción. Ella la derramó por todo el mundo. Y por su hambre, Detroit se convirtió en el centro del avivamiento posguerra. La bendición de Mamá Beall continúa hasta este día.

Tommy Hicks ayunó por 40 días bajo una alcantarilla de carretera en un invierno frío de Montana en 1944. Un día, estando en un cuarto de huéspedes de Demos Shakarian, el poder de Dios lo golpeó y como resultado nació la Confraternidad Internacional de Hombres de Negocio del Evangelio Completo. En 1954 él vio una visión de Argentina con trigo que se movía de lado a lado. Tres meses más tarde salió en avión y el Espíritu Santo le repetía Perón. Una y otra vez él no sabía lo que eso significaba., pero sabía que tenía que ir al gobierno y pedir el estadio más grande, debido a que el líder era un dictador y su nación un refugio de nazis que escaparon la sentencia posguerra. Esto no era realista y era casi imposible. Al entrar Hicks en el edificio gubernamental, un guardia le impidió la entrada. Él oró por el brazo del guardia y éste fue sanado y le consiguió audiencia con el dictador. Hicks ganó el favor de Perón luego de que éste fuera sanado de una condición en la piel. Como resultado le concedió un estadio de 200,000 asientos para llevar a cabo su reunión. Muchos fueron sanados y les fueron dadas Biblias. ¡Aleluya!

Todd Bentley, quien parecía un ciclista, salió de una vida de pecado y prisión. Luego de leer el libro de Benny Hinn titulado "Buenos Días Espíritu

Santo," el Espíritu Santo le dijo que debía pasar tres meses a solas con Dios. Él lo hizo, y el Señor lo lanzó a un ministerio asombroso de abrir los ojos de los ciegos y los oídos sordos.

Dave Roberson, a la edad de 30 años era un cristiano muy legalista. Él deseaba tanto la presencia de Dios que se encerró en cuarto que medía 8x8, demasiado desesperado para ser denegado la intimidad del Espíritu Santo. Como resultado de su obediencia muchas personas fueron sanadas instantáneamente cuando él oraba por ellos.

Walter Beutler era de descendencia alemán y un simple maestro de la Biblia que podría ser considerado "escondido," (uno de los anónimos y desconocidos del evangelio). Un domingo temprano en los años 50, Walter Beutler se encerró para buscar al Señor. Él llevaba dos días ayunando y orando y francamente no sentía nada, y se estaba sintiendo frustrado, cuando de repente, Jesús entró a su cuarto con Su presencia y gloria en una manera poderosamente transformadora. Jesús le enseñó por cuatro horas acerca de las escrituras y el conocimiento de Dios. Antes de partir, Él le dijo que sería tentado. Tan pronto Jesús salió, una presencia satánica atacó a Walter con pensamientos como, "Dios no te habló, la Biblia no es la Palabra de Dios, estás orando demasiado y perderás la mente." Esto continuó por otras cuatro horas. Este ataque satánico sucedió otra vez después que se fue a la cama. Aunque era más fuerte que el primero, ¡la presencia del Espíritu Santo era más fuerte todavía! El enemigo fue derrotado aquello noche y huyó de la habitación. El Señor permitió que esto sucediera para darle a Walter una revelación de cómo Satán odia el evangelio y lo tratará de desacreditar. Después de esto Beutler comenzó a tener tal intimidad con el Espíritu Santo, que comenzó a enseñar a través de todo el mundo. Dondequiera que él iba, la presencia manifiesta de Dios le seguía. Existe un relato en el que siendo él un maestro invitado, mientras enseñaba, sintió cierta vacilación y dijo, "Permítanme introducirles a mi amigo" (el Espíritu Santo), entonces se volteó de espaldas a la clase y la presencia de Dios cayó en el salón. Fue un santo caos. Algunas personas lloraban y otras reían. Beutler permitió que el Espíritu Santo tomara el control de la clase, y cuando terminó, se volteó y dijo, "Gracias por honrar a mi amigo," y salió. Este hombre es conocido por la edificación de uno de los mejores institutos bíblicos, llamado Pinecrest.

Por último, en la categoría histórica de poderosos hombres y mujeres de Dios, quienes pagaron el precio detrás del velo para adelantar su línea del tiempo, están: Charlotte Baker, Hattie Hammond, Helen Beard, Aimee Cortese, Sue Curran, B. Maureen Gaglardi, Anne Giminez, Ione Glaeser, Alpha A. Henson, Marilyn Hickey, Violet Kitely, Janet Kreis, Freda Lindsay, Iverna Tompkins, Rachel Titus, Dorthea Gardiner, Brother George Warnock, Clayt Sonmore, y Sam Rijfkogel. Estos son sólo unos pocos de nombres, pero hay muchos más que se atrevieron a pagar el precio.

Después de recibir mi tercera visita angelical, continué <u>estudiando los hombres y mujeres en la</u>

<u>Biblia y en la historia que habían **pagado el precio de la consagración... lo que yo llamo, "el camino de muerte"**</u>. Y no cesa de agradarme cuánto Dios usó y todavía usa mujeres preciosas para hacer Su Voluntad en la tierra. La Biblia dice en 1 de Pedro 3:12a, "Porque los ojos del Señor están sobre los justos, y sus oídos atentos a sus oraciones." Lo que encontré fue ministerios que Dios usó en forma poderosa y asombrosa **para hacer en la tierra como es en los cielos**. A continuación unos pocos más: Eleanor y Roberta Armstrong, Rita Bennett, Edith Blumhofer, Hazel Bonawitz, Roxanne Brant, Mary Ann Brown, Shirley Carpenter, Jean Darnall, Josephine Massynberde Ford, Katie Fortune, Shirlee Green, Nina Harris, Sue Malachuk, Daisy Osborn, Florence Crawford, Gloria Copeland, Aimee Semple McPherson, Karen Wheaton, Dorothy Ranaghan, Agnes Sanford, Gwen Shaw, Bernice Smith, Ruth Carter Stapleton, Jean Stone, Joni Eareckson Tada, Corrie Ten Boom, William Branham, Billy Graham, Oral Roberts, Jack Coe, William Seymour, T. D. Jakes, y Myles Munroe.

<u>Estos hombres y mujeres que menciono aquí son, desde luego, una simple muestra de importantes figuras que han sido poderosamente usadas por Dios en toda concebida capacidad. ¿Por qué?</u> **Porque ellos se atrevieron a hacer a un lado sus propias agendas y buscar a Dios detrás del velo, en el Lugar Santísimo, a solas. Ellos consagraron sus vidas y se negaron a dejar Su presencia sin recibir lo que querían.** <u>Siguiendo sus ejemplos y habiendo visto el resultado, hace que uno desee rendirse completamente al Señor. ¡Aleluya!</u>

El Encuentro de Jacob con Dios

Los ejemplos bíblicos, sin embargo, son tan claros y consistentemente llenos de nueva revelación, que es inspirador estudiarlos. **Meterse a solas con Dios** no es solamente una experiencia intangible, sino también **tangible... ¡de modo que afecta el espíritu, el alma y el cuerpo!**

La experiencia de Jacob de estar a solas con Dios fue una lucha con Dios o un ángel, probando que

Él tiene un cuerpo. Está claro, según Oseas 12:4, que la oración era sólo parte de la experiencia de Jacob. No sólo dice este pasaje que él lloró y le rogó a Dios, sino que también él venció al ángel. Cuando el ángel vio que no prevaleció contra Jacob en la lucha, Él tocó el encaje de su muslo y le dislocó la cadera... probando así que la lucha era corporal.

Como Daniel, en Daniel 10:10, él también fue tocado por una mano y fue físicamente afectado.

Recuerde que el significado de importunidad es rehusarse a ser denegado, persistencia al solicitar o demandar. INSISTENTE (no será movido), molestar con solicitudes o demandas, irritar, rogar o hacer cualquier cosa necesaria para poder obtener lo que necesitas.

Lo próximo que deseo hacer notar es la palabra hebrea para lucha, pronunciada Abak. (Otro significado en hebreo para esta palabra *Abak* es: flotar, pero solo es usada concerniente al polvo flotando. De modo que su uso aquí sólo puede significar levantar polvo al luchar, probando así que la lucha entre el ángel y Jacob era cuerpo a cuerpo. Que Dios nos ayude a luchar lo suficientemente fuerte para levantar polvo sin quejarnos. Importunidad es una palabra clave, porque la lucha causó un impedimento físico. No sólo fue descoyuntada su cadera por la mano del ángel, sino que también el tendón se contrajo. El hueso de la cadera quizás volvió a su lugar, pero el tendón se quedó. Era un tendón encogido lo suficiente como para causar cojera (Génesis 32:32). A veces llevamos en nuestro cuerpo cicatrices de batallas, pero cuando las vemos, es un recordatorio de que Dios es aún un Dios de milagros. En medio de la lucha, el ángel le pidió, "Déjame, porque raya el alba." Cuántos hijos de Dios han llegado tan cerca de la bendición y entonces la dejan ir debido al dolor físico. ¡Santos, no la dejes ir, y no te rindas! Resiste el dolor y las decepciones. La luz del día viene. ¿Puedes verla?

El nombre de Jacob necesitaba ser cambiado

antes que la bendición pudiera llegar. Cuando Jacob dijo, "No te dejaré, si no me bendices," el ángel sabía que él no lo decía por decirlo. Fue ahí cuando el ángel le preguntó, "¿Cuál es tu nombre?" y él respondió, "Jacob." Y el ángel le dijo, "No se dirá más tu nombre Jacob, sino Israel; porque has luchado con Dios y con los hombres, y has vencido." El nombre de Jacob significa tener éxito por la fuerza o traición, servir como sustituto (robando el derecho de nacimiento de su hermano), astuto, engañador, perspicaz, y malicioso. Imagino que estarás de acuerdo que con un nombre como ese, él necesitaba un cambio.

Por favor, observa que su nombre fue cambiado por Israel, una poderosa declaración.

"Has luchado con Dios y con los hombres." ¡Qué declaración! Cuando el ángel dijo esto también dijo, "y has vencido." Vencer significa ganar la ventaja por triunfo victorioso, lograr el efecto deseado, volverse más fuerte. ¿Ves lo que quiero decir? Dios desea que nosotros nos despojemos de todo lo asociado con el viejo nombre. Es por eso que Él dijo, "Las cosas viejas pasaron; he aquí todas son hechas nuevas." (II Cor. 5:17) Él quiere que tengamos un nombre nuevo, una nueva personalidad, un nuevo tú. Una nueva actitud, una nueva perspectiva, nada asociado con el viejo hombre funcionará una vez que tú tengas un nombre nuevo. Cuando Jesús salió a la escena, Él maravilló al mundo con algo nuevo. Él decía las cosas de un nuevo modo.

Sólo con Él, Detrás del Velo
¡TODAS las cosas son hechas NUEVAS!

Marcos 2:21 dice, "Nadie pone remiendo de paño nuevo en vestido viejo; de otra manera, el mismo remiendo nuevo tira de lo viejo, y se hace peor la rotura. Y nadie echa vino nuevo en odres viejos; de otra manera, el vino nuevo rompe los odres, y el vino se derrama, y los odres se pierden; pero el vino nuevo en odres nuevos se ha de echar." El vino nuevo todavía está fermentando, burbujea y sube, se expande, crea tremenda presión. Si pones vino nuevo en odres viejos, la presión ocasionará que la piel del odre se rompa. No puedo evitar preguntarme si ese es el caso de algunos cristianos que ya no tienen uso en el reino. **No es porque hayan hecho nada malo, sino que se han vuelto secos, rígidos y desinteresados. Sus vidas se han acostumbrado a la idea de conservar su estado existente y resistir el cambio. El Espíritu Santo pasa de largo los odres viejos, y pone el aceite en cristianos que han sido hechos nuevos, así como Jacob.** Nuestro Dios está siempre haciendo cosas nuevas. Isaías 43:19 dice, "He aquí que yo hago cosa nueva." En Apocalipsis 21:5, Él dijo, "He aquí, yo hago nuevas todas las cosas." Los odres viejos prefieren vino viejo. Un viejo hombre dijo, "He visto muchos cambios en mis 75 años, y he estado en contra de cada uno de ellos."

Aunque parezca gracioso, este es el cuadro de tantos cristianos que han perdido la visión y resisten el cambio. Hay ya suficientes imitadores, agitadores, y dictadores en las iglesias hoy, así que hagamos todas las cosas nuevas convirtiéndonos en "endulza-dores."

Una lucha espiritual

Ahora, la lucha que menciona Efesios 6:11-17 es una lucha diferente. Esta es estrictamente una lucha espiritual, no física como la de Jacob. Sin embargo, esta clase de lucha es intensa, apasionada, y más poderosa de lo que conocemos en la tierra. Es una lucha sobrenatural. "Vestíos de toda la armadura de Dios, para que podáis estar firmes contra las asechanzas del diablo. Porque no tenemos lucha contra sangre y carne, sino contra pincipados, contra potestades, contra los gobernadores de las tinieblas de este siglo, contra huestes espirituales de maldad en las regiones celestes. Por tanto, tomad toda la armadura de Dios, para que podáis resistir en el día malo, y habiendo acabado todo, estar firmes. Estad, pues, firmes, ceñidos vuestros lomos con la verdad, y vestidos con la coraza de justicia, y calzados los pies con el apresto del evangelio de la paz. Sobre todo, tomad el escudo de la fe, con que podáis apagar todos los dardos de fuego del maligno. Y tomad el yelmo de la salvación, y la espada del Espíritu, que es la palabra de Dios."

Como Obtener Resultados

'Hazme justicia, oh Señor'

11

Como Obtener Resultados

Yo puedo refrenarme de contarles otro relato bíblico de una mujer que estaba demasiado desesperada para ser denegada. En Lucas 18:2-8 dice, "Había en una ciudad un juez, que ni temía a Dios, ni respetaba a hombre. Había también en aquella ciudad una viuda, la cual venía a él, diciendo: Hazme justicia de mi adversario. Y él no quiso por algún tiempo; pero después de esto dijo dentro de sí: Aunque ni temo a Dios, ni tengo respeto a hombre, sin embargo, porque esta viuda me es molesta, le haré justicia, no sea que viniendo de continuo, me agote la paciencia. Y dijo el Señor: Oíd lo que dijo el juez injusto. ¿Y acaso Dios no hará justicia a sus escogidos, que claman a él día y noche? ¿Se tardará en responderles? Os digo que pronto les hará justicia. Pero cuando venga el Hijo del Hombre, ¿hallará fe en la tierra?"

Hijo o hija de Dios, esta historia fue contada principalmente a sus discípulos, pero es también para nosotros hoy. Jesús sabía que cuando partiera de esta vida, los discípulos estarían propensos a sentirse desalentados y abandonados. Él sabía que ellos y muchos otros sentirían deseos de rendirse. Muchos se sentirían abandonados o rechazados. ¿Me estás comprendiendo? Seguro que ha habido momentos en que algunos de nosotros nos hemos sentido así. Continuamente escuchamos casos de abandono o descuido de niños.

Jesús estaba consolando a Sus discípulos en aquel entonces, y todavía hoy Él nos consuela a través de Sus promesas en la Palabra. Él nos dice, "No te desanimes," habiéndonos advertido que vendrían días difíciles, y que seamos cuidadosos de no rendirnos ante el sentimiento de desaliento.

¡Qué mensaje para la iglesia hoy! Este juez no temía a Dios ni al hombre, sin embargo, algo lo movió a la defensa de esta viuda. Les digo, hijos, hay una manera de mover a Dios de Su trono a nuestro favor. **Cuando estés demasiado desesperado para ser denegado, aprenderás una lección de esta viuda.**

Ahora, he aquí la verdadera prueba. El verso 4 dice, "Y él no quiso por algún tiempo." Dios no siempre contesta inmediatamente. Algunas veces hay un período de espera. Bajo ninguna circunstancia digas, "Bueno, el Señor está tardando en venir, así que creo que volveré a mis viejos caminos." ¡INCORRECTO, INCORRECTO, INCORRECTO!

¡Ora, Ora, Ora! Su clamor era "Hazme justicia." Justicia significa vindicación, o tomar venganza, merecido castigo por hacer algo malo o por opresiones, la aflicción o castigo como un acto de retaliación usualmente por una injuria contra uno. También puede traer malicia y resentimiento amargo. En otras palabras, "Libérame para siempre de la mano de un poderoso adversario."

El verso 5 dice, "Porque esta viuda me es molesta, le haré justicia." Nosotros hoy diríamos, "Esta mujer me está volviendo loco. Dale lo que pide para que pueda descansar." En el verso 6 Jesús dice, "Oíd lo que dijo el juez injusto." Y el verso 7, "¿Y acaso Dios no hará justicia a sus escogidos, que claman a él día y noche? ¿Se tardará en responderles?"

¿Es Real el Cielo?

...entonces miré para ver de donde
salía el río, y salía del
más hermoso trono...

12

¿Es Real el Cielo?

Ahora quiero relatarte una historia personal acerca de mis padres, que nos dice lo que sucede cuando estamos demasiado desesperados para ser denegados. Mis padres criaron nueve niños, y muchos de nosotros crecimos en medio de la gran depresión, desde el 1929 hasta casi el final de 1930. Estos fueron tiempos difíciles para el sur de los Estados Unidos, y estoy seguro que para otros lugares también. No hay tiempos buenos para que Satanás ataque. La Biblia dice en I Pedro 4:12-14: Amados, no os sorprendáis del fuego de prueba que os ha sobrevenido, como si alguna cosa extraña os aconteciese, sino gozaos por cuanto sois participantes de los padecimientos de Cristo, para que también en la revelación de su gloria os gocéis con gran alegría."

"Si sois vituperados por el nombre de Cristo, sois bienaventurados, porque el glorioso Espíritu de Dios reposa sobre vosotros. Ciertamente de parte de ellos, él es blasfemado, pero por vosotros es glorificado." I Pedro 5:8 dice, "Sed sobrios, y velad; porque vuestro adversario el diablo, como león rugiente, anda alrededor buscando a quien devorar."

Ya que mis padres tenían nueve hijos que criar y cuidar, algunas veces, cuando las cosas parecen estar peor, Dios permite que Satán nos pruebe, a veces aún por fuego.

Yo apenas tenía ocho años de edad cuando, de alguna manera, una infección envenenó el cuerpo entero de mi madre. El doctor Weems (el mismo doctor que más tarde descubrió la tuberculosis en mis pulmones) le dijo a mi padre que mi mamá tenía un 50/50 de probabilidad de salir de la mesa de operaciones viva.

Ahora, cuando estás en una situación donde te

sientes demasiado desesperado para ser denegado, indudablemente esperarás que sucedan grandes milagros a tu favor. Recuerdo que observaba a
mi padre siendo empujado al borde de la desesperación. Parado afuera de la sala de operaciones, él
clamaba al Dios de Abraham, Isaac y Jacob.

Recuerden que les dije que en ocasiones es en
la *espera* cuando Dios parece estar más lejos. Los
mismos discípulos se quedaron dormidos mientras *esperaban* que Jesús orara. Salmo 25:21,
"Integridad y rectitud me guarden, porque en ti
he esperado." Proverbios 20:22 dice, "No digas: Yo
me vengaré; espera a Jehová, y él te salvará." Muchas veces se nos ordena a *esperar* en el Señor.

Pasado un largo rato, el doctor Weems salió de
la sala de operaciones y procedió a quitarse su
mascarilla y guantes, entonces mirando a mi padre le dijo: "Lo siento, señor Upthegrove, su corazón estaba demasiado débil y no lo logró."

En ese momento, mi papá tomó al doctor por

los hombros y le dijo, "Doctor, ella no está muerta." Entonces vi a mi papá avanzar dentro de la sala de operaciones donde yacía la forma sin vida de mi madre. El doctor gritó, "Enfermera, póngale un calmante al señor Upthegrove, está en estado de shock." Sin embargo, para el tiempo que una inyección pudiera detenerlo él tenía a mi madre agarrada por los hombros, sacudiéndola y llamándola por su nombre diciendo, "¡Ana, regresa, Ana, regresa! ¡En el nombre de Jesús, regresa! ¡No es tiempo de que te vayas! ¡Ana, regresa!"

Fue en ese momento que el color regresó a la cara de ella, la sangre comenzó a pompear en sus venas, y sus ojos se abrieron. Para asombro de los doctores y las enfermeras, ella revivió. ¡Alabado sea Dios, ella revivió porque un hombre estaba demasiado desesperado para ser denegado, y se rehusó a ser denegado de su milagro!

Una mañana, después de mi madre haber regresado a la casa y todas sus fuerzas fueran completamente restauradas, ella estaba parada en la cocina preparando desayuno para todos nosotros. Ella dijo, "Niños, antes que su papá se vaya a trabajar, y antes que ustedes vayan a la escuela, quiero contarles algo especial." Así que todos nos reunimos alrededor de la vieja estufa de madera en la cocina mientras mamá comenzó su historia.

Recuerdo esta historia como si me fuera contada hoy, y esto fue lo que ella nos dijo: "Estaba acostada allí en la mesa de operaciones, y de repente parece que salí de mi cuerpo y comencé a flotar alrededor del cuarto. Vi mi cuerpo sin vida allí en la mesa, y vi los doctores y enfermeras tratando de revivirme. También vi a su papá parado afuera de la sala de operaciones con su cara entre las manos clamando a Dios en desesperación. A pesar de todo no podía entender por qué sentía tanta paz. El techo del cuarto se abrió, y salí flotando hacia afuera, y de repente un ángel se me unió. Al principio me sentía confundida, pero entonces el ángel me sonrió y supe que todo estaría bien. Ascendimos arriba y arriba y arriba, hasta que nos detuvimos afuera de un gran muro alto.

En el centro del muro había unas puertas hechas de perla.

El ángel levantó su mano derecha y las puertas se abrieron. La luminosidad de aquella ciudad parecía empujarme hacia atrás. Pero el ángel me guió adentro, y oh, qué esplendor, qué belleza. Cuando miré hacia abajo, estábamos parados sobre una calle de oro transparente. Hablo de oro tan puro, que podía verse a través de las calles. El ángel me guió con gentileza hacia delante y vi cosas que nunca imaginé que estarían en el cielo. Había un árbol tan bello y se extendía tan ancho, que parecía cubrir un acre de terreno. Debajo de éste yacía un león y una oveja, juntos. Y, oh, una paz cual nunca había experimentado.

El ángel me mostró mansiones resplandecientes, tan altas que no podía ver su final. Mientras el ángel me guiaba, vi miles de almas que ya partieron. Vi a mi madre y mi padre, y miles más. Parecía que no tenía que hablarles porque ellos conocían mis pensamientos, y con una gentil sonrisa yo los entendía a ellos. Entonces llegamos a un hermoso río, era tan cristalino. No sé cuán profundo era, ni cuán ancho. Pero era tan claro, que si hubiese una moneda en su fondo, podías ver del lado que estaba. Miré para ver de dónde salía el río, y salía del más hermoso trono jamás imaginado. Cuando levanté mis ojos hacia el otro lado del río, lo vi a Él." Ni nosotros ni nuestro padre tuvimos que preguntar de quien se trataba. Sabíamos que ella había visto a Jesús. Mi madre dijo que su mirada de compasión era indescriptible.

"Cuando Sus ojos se encontraron con mis ojos había tal amor que emitían aquellos hermosos ojos, entonces él me sonrió tal como el ángel lo había hecho antes. Tenía un gran deseo de correr a través del río y caer a Sus pies y adorarlo. Fue en ese momento cuando escuché una voz que sonaba como si estuviera un millón de millas lejos y sabía que era la voz de vuestro padre diciendo, 'iAna, regresa! ¡Ana, regresa!' Yo sabía que vuestro padre me estaba llamando para que regresara.

"Estoy aquí para decirles algo asombroso. Sin importar lo mucho que los amo a ustedes mis hijos y a vuestro padre... yo no quería regresar. ¡El cielo es tan real y tan hermoso, es el lugar más asombroso jamás visto! Sentí una paz en mi alma que deseaba quedarme. Sólo deseaba seguir mirando a mi alrededor. Entonces, cuando vi al Maestro, estaba lista a pasar la eternidad con Él. Él es tan dulce, tan penetrante, tan lleno de amor, que no deseas dejar Su presencia.

"Fue entonces que el ángel me dijo, 'Sí, tienes que regresar unos días más para terminar tu trabajo en la tierra.' Entonces él me guió por las mismas puertas de perla por las que había entrado, y bajamos, bajamos, bajamos, hasta que vi el mismo cuarto del hospital que había dejado. Entonces el techo pareció abrirse y vi mi cuerpo sin vida yaciendo allí, y a vuestro padre pidiéndome que regresara. Y yo simplemente me deslicé dentro de mi cuerpo y aquí estoy para contarles la historia."

Mi preciosa madre se fue a su Hogar por última vez en 1954. Ella está ahora esperando al resto de nosotros, y estoy seguro que está por aquél río de vida disfrutando la paz de Dios que sobrepasa todo entendimiento. ¡Gracias Jesús!

Imagina que mi padre no hubiera pagado el precio de la perseverancia. Aún por encima de lo que el doctor dijo. ¿Tienen los doctores que tener la última palabra? ¡Oh, mis santos, agarren esto! Aún no hemos comenzado a luchar. En estos últimos días, Dios va a levantar hombres y mujeres que tengan una gran fe, que están haciéndole trampas al sepulcro que los reclama. ¡Aleluya!

¿Puedes verlo? Un día podremos mirar al último enemigo, que se llama muerte, y exclamar con I Corintios 15:55, "¿Dónde está, oh muerte, tu aguijón? ¿Dónde, oh sepulcro, tu victoria?"

Reconociendo Tus
7 GRANDES
Bendiciones

Tu desesperación
ha llamado la atención
del Rey

13

Reconociendo Tus
7 GRANDES
Bendiciones

Hay una historia en la Biblia de la cual no se habla con frecuencia, pero que nunca falla en maravillarme. Se encuentra en 2 Samuel 21:1-14. Leemos cómo Saúl había pecado contra Dios al matar a los gabaonitas después de que los hijos de Israel habían hecho juramento delante de Dios de que no los matarían. Esto tuvo como consecuencia tres años de hambre sobre la tierra. El rey David consultó a Jehová acerca de qué debía de hacer para detener la hambruna...

La historia continúa diciéndonos cómo los gabaonitas pidieron que se les diese siete varones de los hijos de Saúl para dar por fin al mal que se les había hecho. A pesar de que Saúl ya estaba muerto, sus hijos pagaron el precio, dos de los cuales eran hijos, y cinco eran nietos. Anterior a esto, cuando los filisteos habían matado a Saúl y a Jonatán, la gente de Jabes de Galaa hurtaron sus huesos de la plaza de Bet-sán y los guardaron para ellos.

Así que primero leemos que los huesos de Saúl y de su hijo Jonatán habían sido **robados** y no estaban enterrados en el lugar correcto.

Entonces leemos que los descendientes de Saúl **(maldición generacional)** tienen el mismo problema. Ellos tampoco están enterrados en el lugar apropiado. De hecho, sus cuerpos **habían sido sacados fuera de su territorio** (en un lugar diferente) para ser expuestos como desgracia, para que las aves y las fieras los devoraran.

Pero la madre de los dos hijos de Saúl, Rizpa, tenía un plan diferente. Ella estaba demasiado desesperada para ser negada el derecho de enterrar a sus hijos en un lugar apropiado.

Primero ella dejó su propio territorio y fue a otro lugar... fuera de su zona cómoda. Ella encontró el lugar donde habían puesto los cuerpos de sus dos hijos y cinco nietos. Desesperada por evitar que fueran devorados, ella se hizo de un lugar para sí al lado de los cuerpos. La Palabra dice que ella tendió una tela de cilicio sobre el peñasco al lado de los siete cuerpos muertos durante todo el tiempo de la siega.

Ahora, piensa en esto: Esta mujer estaba fuera de su zona cómoda, y fuera de su territorio, probablemente rodeada de extraños. Yo hubiera deseado que hubiese tenido algunos amigos que le trajeran comida y agua. Ella no tenía un techo que la cubriera, hablando de acuerdo a la Biblia, lo que significa que estaba sola, sentada en el calor del día, al lado de siete cuerpos en estado de descomposición. El hedor debe haber sido atroz. Imagine a esta mujer espantando a las bestias en la noche, y las aves del aire por el día, no sólo de los cuerpos de sus dos hijos, sino de los siete cuerpos.

La roca que menciona la Biblia, probablemente ella la usaba como almohada, y la tela como algún tipo de cama, así como también un arma para espantar las aves.

Esta mujer se quedó ahí día tras día. Nunca se fue de su lado. Ella estaba determinada a conseguir su milagro antes de dejar aquel lugar de desesperación. Esto no sucedió por uno o dos días, ni aún por un mes. El tiempo de la cosecha en aquella cultura duraba desde abril hasta octubre. Este es un periodo de siete meses.

Ella se sentó bajo aquella indeseada, incómoda, humillante y desesperada condición, **sola** por muchos meses. ¿Puedes imaginar ese cuadro? Esto es difícil de entender.

Pero hubieron personas que la vieron, y estoy seguro de que algunos pensaron que había perdido la cabeza. Otros, probablemente se lamentaron por ella, y otros probablemente corrieron a decirle al rey que ella estaba desafiando las órdenes de castigo que se habían dado acerca de aquellos cuerpos.

Sepan esto, santos, cuando llegas a este nivel de desesperación, habrán toda clase de rumores circulando acerca de ti, de los cuales la mayoría vendrán directo del mismo infierno. Cancélalos con la sangre de Jesús, entonces IGNÓRALOS, y alaba a Dios porque esos rumores negativos son tu señal de que has agradado a tu Padre Celestial, y tus milagros están por llegar. ¡Aleluya!

De acuerdo a la Biblia, alguien, por bien o por mal, corrió al rey David y le dijo lo que esta madre (Rizpa) había hecho, y continuaba haciendo en ese momento. Digamos que fue un "buen mensajero" dejándole saber al rey David de su desesperación y determinada situación. En respuesta, el rey se movió inmediatamente a su favor para darle los deseos de su corazón. Digamos que era un "mensajero chismoso" quien le dijo al rey lo que estaba sucediendo. Su hubiese sido así... lo que el diablo intentó para mal, Dios lo convirtió en bien. ¡Aleluya!

¿Alguna vez te ha sucedido que alguien ha esparcido historias torcidas acerca de ti a personas que están en poder? Cuando te encierras a solas con Dios, y te vuelves demasiado desesperado para ser denegado... (rehusándote a dejar Su presencia sin tu milagro, no importa el tiempo que te tome)... **es ahí cuando** el Rey se mueve a tu favor, y torna las cosas del lado correcto. Él removerá al enemigo de tu camino, mientras limpia tu nombre en el proceso. ¡Aleluya!

¿Cómo podríamos olvidar el día de Pentecostés? Este también llegó con el precio de la espera. Ellos esperaron bajo condiciones abarrotadas, en una localización no-residencial, con mucha anticipación, paciencia, y rehusándose a dejar el Aposento Alto hasta que aquello que el Maestro dijo que sucedería, sucediera. ¡Aleluya!

Cada uno de los que estaba en el Aposento Alto, **debe haber tenido tiempo a solas con Dios en sus mentes.** Probablemente les tomó todos aquellos días para que ignoraran las circunstancias que les rodeaban y limpiaran sus mentes de todo lo demás excepto aquello a lo que fueron. Ellos estaban demasiado desesperados para ser denegados. ¡La promesa del Maestro del Espíritu Santo y poder! Santos, ¿están entendiendo esto?

La historia en 2 Samuel 21:1-14 está tan llena de revelación que un libro podría escribirse de esa sola historia, pero por ahora debemos compartir pequeñas semillas de oro.

La Biblia dice que como resultado de lo que el rey escuchó de los hechos de la concubina de Saúl, él se movió a su favor y permitió que los huesos de los siete cuerpos fueran **devueltos a su propio territorio** y enterrados en su propia localización y bajo sus propias costumbres.

Pero eso no fue todo... **el rey David mismo fue**

al lugar donde los huesos de Saúl y Jonatán habían sido robados y los tomó y los hizo llevar de allí a su propio territorio y permitió que ellos también tuvieran un entierro apropiado.

El que tiene oídos para oír, oiga lo que el Espíritu dice...

Cuando nos metemos a solas con Dios, dejando todo lo que está a nuestro alrededor, especialmente en nuestras mentes, esto es lo que sucederá:

1) Tu clamor será escuchado en Su corazón. ¡Él escuchará acerca de ti, y entonces Él mismo te escuchará!

2) No importa quien seas, Él se moverá a tu favor. (La madre de estos hijos) Rizpa, era sólo una concubina. Una concubina era descrita como una esposa o una **persona de nivel inferior**. Esto es importante para cualquiera y para todos ustedes que han sido echados a un lado, relegados, olvidados, o que no se sienten en igual importancia a aquellos que están en autoridad.

3) Esta es la evidencia Bíblica de que Dios te moverá de atrás hacia el frente, de último a primero, y de ser "sin importancia para el hombre" a ser tan importante para Él que Él mismo se pare y se mueva a tu favor. La Biblia dice que el Rey David mismo recobró los huesos robados por el enemigo. ¡Aleluya!

4) Lo que me lleva al siguiente punto: Huesos robados. Los huesos eran un patrimonio simbólico. Esto significa que un símbolo apreciado de herencia había sido robado de ella y su familia. No sólo fueron devueltos los huesos de sus dos hijos, sino que también, su **"desesperada determinación"** ocasionó que la familia entera recibiera su patrimonio y herencia que una vez había sido robada. <u>Si ella no se hubiera metido a solas con Dios en ese campo de muerte (peleado por obtener su milagro al caminar su propio camino de muerte);</u> los huesos de Saúl y Jonatán no hubieran

sido recuperados y su patrimonio y herencia nunca hubieran regresado a ellos.

5) Pero eso no es todo: La Biblia dice en el verso trece que el rey David no sólo recuperó los huesos de Saúl y Jonatán, sino que también recuperó los huesos de los hombres que ejecutaron los gabaonitas. Esto significa, que nuestro Rey de Reyes y Señor de Señores, recuperará no sólo nuestro patrimonio y herencia robada, sino que también revocará lo injusto por justo en las vidas de aquellos alrededor nuestro también. En el verso trece, fueron aquellos que habían peleado al lado de Saúl y Jonatán hasta su muerte. **Hoy son aquellos que están en un acuerdo con nosotros a través de las pruebas y los triunfos. Son esos alrededor nuestro que recibirán una inesperada bendición sorpresiva, debido a las bendiciones rebosantes que el Dios Poderoso ha ordenado en nuestro nombre.** ¡Aleluya! Las familias de los hombres ejecu-

tados en el verso trece, que pensaron que nunca jamás verían los huesos de sus seres queridos, tuvieron una agradable sorpresa ese día, cuando el Rey se mostró con su patrimonio y herencia. ¡Qué tremendo!

6) La desesperada determinación de esta mujer no sólo movió al rey a devolver los huesos de sus hijos a su propio territorio, sino que el rey también ordenó que fueran enterrados con su padre, y abuelo. Así que el rey Saúl fue enterrado con su padre y sus hijos. Esto fue más de lo que esta mujer esperaba. Él no sólo le dio por encima y más allá de aquello por lo que ella había luchado tan desesperadamente, sino que también selló la promesa al poner su casa en orden. Escuche bien esto, cuando nos metemos a solas con Dios... "tiempo a solas con Él"... en nuestras mentes- ir detrás del velo y tener comunión íntima con el Creador del universo, Él pondrá nuestra casa en orden así como también nuestras familias y

aquellos que están en un mismo acuerdo con nosotros. ¡Aleluya!

7) Esto me lleva al último punto que será escrito en este libro. La Biblia dice en el verso catorce: **"Y Dios fue propicio a la tierra después de esto."** ¡Oh, mi Dios! ¿Agarraste esto? **"Después de esto"** entonces... ¡No fue sino hasta después que esta mujer pasó muchos meses sola en desesperada determinación, sin moverse hasta que obtuvo su milagro, y después que lo incorrecto fuera corregido, que la hambruna fue quitada! ¿Has estado atravesando alguna clase de escasez en tu vida? Entonces, métete a solas con Dios, y pregúntale cómo pueden ustedes dos cambiar tus cosas malas en buenas. **Puedes imaginarte si los líderes del cuerpo de Cristo, hicieran a un lado sus agendas, se olvidaran del tiempo, y se metieran a solas con Dios detrás del velo! ¡Sólo entonces lloverá el ORDEN, UNCIÓN Y GLORIA sobre sus iglesias!** El cuerpo de Cristo estará en *un acuerdo* y aún aquellos

que *aún* no sean salvos serán bendecidos sólo por su asociación con Su pueblo. Más almas que nunca serán salvadas porque la escasez será quitada. ¡Aleluya!

Pero escucha, esto no es sólo para los líderes de la Iglesia, no. ¡Es para que TODAS las ovejas escuchen y HAGAN! ¡Ve al mercado! Esto es para todos aquellos que no están detrás de un púlpito, pero le ha sido dada autoridad y responsabilidad sobre su propia casa y los que le rodean. Solo un encuentro detrás del velo (o un encuentro diario detrás del velo), cambiará tu vida y la de tu familia para siempre. Dios nos ha dado a todos autoridad sobre nuestras propias vidas para convertir lo incorrecto—en correcto. <u>Así que todos TENEMOS que meternos a solas con Dios, permitirle que separe el velo entre nuestro espíritu y nuestra alma, convirtiendo lo malo en bueno, y desesperadamente quedándonos ahí, satura-</u>

dos en Su santa atmósfera, y rehusándonos a dejar Su presencia hasta que tengamos un encuentro inexplicable con el Todopoderoso!

¡Tu milagro solo vendrá... DESPUÉS DE ESO!

Esperando el Doble de Bien
Por Todos Tus Problemas

'Señor, te agradezco
por las pruebas,
porque sin ellas,
no te _conocería_.'

14

Esperando el Doble de Bien Por Todos Tus Problemas

Para poder hacerle justicia a este tremendo título, "Demasiado Desesperado Para Ser Denegado," tenemos que considerar a Job. Siendo Job el libro más antiguo de la Biblia, ¿no crees que Dios tenía una razón desde la creación del hombre para entender cuan importante es tener importunidad?

Por favor, permíteme decirte otra vez lo que esta palabra realmente significa.

1.   Rehusarse a ser denegado
2.   Persistencia al solicitar o demandar
3.   Ser insistente, queriendo decir, "¡No me rendiré y no renunciaré y no cederé!" ¡Ahora, toma eso, diablo!

Todos hablan acerca de las pruebas de Job, pero fallan en mencionar su verdadera personalidad.

La Biblia dice que él era perfecto y recto y temeroso de Dios y apartado del mal. Podemos notar sus riquezas y bendiciones. Le nacieron siete hijos y tres hijas. Tenía siete mil ovejas, tres mil camellos, quinientas yuntas de bueyes, quinientas asnas, y muchísimos criados. Y la Biblia claramente declara que este hombre era el varón más grande que todos los orientales. Según el valor de aquellos días, siete mil ovejas a veinte dólares cada una serían $140,000.00. Tres mil camellos a cien dólares cada uno serían $300,000.00. Mil bueyes a trescientos veinticinco dólares cada uno serían $325,000.00. Quinientas asnas a cincuenta dólares serían $25,000.00. ¡El valor total sería, $790,000.00! Según el valor del dólar hoy día, el sería un multi, multi-millonario. Además de ser tan rico, él era humilde delante de Dios. Job ayunaba y santificaba a sus hijos. Él también ofrecía holocaustos. Estudiemos algunas promesas para el creyente.

II Crónicas 16:9a, "Porque los ojos de Jehová contemplan toda la tierra, para mostrar su poder a favor de los que tienen corazón perfecto para con Él."

Salmos 34:7, "El ángel de Jehová acampa alrededor de los que le temen, y los defiende."

Salmos 91:4a, "Con sus plumas te cubrirá, y debajo de sus alas estarás seguro."

Lucas 21:18, "Pero ni un cabello de vuestra cabeza perecerá." ¡Alaben a Dios, hijos, Él es nuestro protector! Y sin embargo, a pesar de todo esto, mira lo que le sucedió a Job. Un predicador me dijo una vez, "Yo no quiero pensar acerca de Job. ¡Eso no me aplica a mí!" Mi respuesta fue, "Oh, sí eso te aplica a ti, permíteme explicarte por qué." La aflicción de Job no vino a él porque no tenía a Dios. Job 1:1 dice que él era perfecto.

Job 1:6-8 declara: "Un día vinieron a presentarse delante de Jehová los hijos de Dios, entre los cuales vino también Satanás. Y dijo Jehová a Satanás: ¿De dónde vienes? Respondiendo Satanás a Jehová, dijo: De rodear la tierra y de andar por ella. Y Jehová dijo a Satanás: ¿No has considerado a mi siervo Job, que no hay otro como él en la tierra, varón perfecto y recto, temeroso de Dios y apartado del mal?

Ahora mira esto, Dios estaba mostrándole al diablo el perfecto caminar de Job con Él. Y Satanás tomó el único camino que le quedaba y le dijo a Dios en el verso 10, "¿No le has cercado alrededor a él y a su casa y a todo lo que tiene? Al trabajo de sus manos has dado bendición; por tanto, sus bienes han aumentado sobre la tierra."

Aquí el diablo le presenta un reto a Dios. Satanás pensó que si Dios le quitaba a Job sus posesiones, Job lo maldeciría en la cara.

El diablo estaba por recibir una gran sorpresa. Lo que Dios le dijo a Satanás fue esto, "Adelante, pruébalo con todo tu poder, Satanás. Yo te probaré que Job pasará la prueba." ¡Alabado sea Dios! Aunque vivas bajo la bendición de Dios, y sabemos que hay muchos mensajes de prosperidad y bendición de Dios en estos días, pero, ¿qué sucedería si Dios se agrada tanto de ti que esté dispuesto a permitir que Satanás te pruebe?

De ser el hombre más rico, convertirte en el más pobre de la noche a la mañana. Entonces todo el infierno se desata. Un mensajero viene y te dice que el diablo te ha robado todos tus bueyes y tus asnas, además de eso todos los criados fueron asesinados. Entonces viene otro mensajero diciéndote que un fuego cayó del cielo y quemó todas tus ovejas y más sirvientes fueron muertos. Entonces viene otro mensajero y te dice que todos tus camellos fueron robados y más sirvientes fueron muertos.

Entonces vienen más mensajeros diciendo que tus hijos y tus hijas murieron cuando un tornado azotó.

Detente y piensa en esto por un momento. Esto es cosa fuerte.

Los versos 20-22 del capítulo uno nos dan la

respuesta: "Entonces Job se levantó, y rasó su manto, y rasuró su cabeza, y se postró en tierra y adoró, y dijo: Desnudo salí del vientre de mi madre, y desnudo volveré allá. Jehová dio, y Jehová quitó; sea el nombre de Jehová bendito. En todo esto no pecó Job, ni atribuyó a Dios despropósito alguno.

Permíteme hacerte una pregunta: ¿Podríamos nosotros hacer lo que hizo Job?

Tan pronto como llegan las peores noticias del mundo, ¿podemos caer de rodillas y adorarlo a Él? En Job capítulo 2:4-6 tenemos un cuadro claro del viejo Satanás, deseando acosar a Job aun más siendo que había fallado en el primer intento. Recuerda, Satanás tiene una ordenanza para nuestro arresto, y tenemos que mantenernos un salto adelante de él, ¡amén!

Satanás le dijo a Dios en el capítulo 2:4-6, "Piel por piel, todo lo que el hombre tiene dará por su vida. Pero extiende ahora tu mano, y toca su hueso y su carne, y verás si no blasfema contra ti en tu misma presencia. Y Jehová dijo a Satanás: He aquí, él está en tu mano; mas guarda su vida."

Permítame decirle el resto de la historia en nuestro lenguaje de hoy día. Cuando Satanás golpeó violentamente a Job, desde la coronilla de la cabeza, hasta la planta de sus pies, Job se sentó entre cenizas, y tomó un pedazo de tiesto roto para rascarse su sarna.

Cuando yo tenía la edad de 9 o 10 años, me salía un divieso en mi cuerpo y era una verdadera agonía. Estoy hablando de una llaga, ¿cómo podía este hombre de Dios soportarlo? ¡Que gran prueba!

Un divieso es un tumor en la carne, acompañado de inflamación severa, una úlcera con hinchazón. Job tuvo muchas noches sin descanso. El dolor era tan severo, que él mordía su carne.

La esposa de Job supuso que todo estaba perdido, su riqueza, sus animales, sus hijos, y todo lo demás. Ella llegó a la necia conclusión de que Job debía maldecir a Dios y morir. En el capítulo 3, Job finalmente se quebró bajo la influencia de su esposa que le decía que maldijera a Dios y muriera, y sus amigos que vinieron a atormentarlo, y finalmente admitió que había pecado con sus labios. Sin embargo, Job mantuvo su independencia. En el capítulo 6:22-27, Job reprocha a sus amigos por sus palabras amargas, y apeló a ellos para que tuvieran fe en él. A través del libro de Job hay mucho lamento por sus problemas. **Dios, de alguna manera, permitió que Job sufriera mucho en su prueba, y la más grande lección para nosotros es que, no importa cuán amarga se vuelva nuestra aflicción, más dulce será la victoria al final.**

Job 42:10-13, "Y quitó Jehová la aflicción de Job, cuando él hubo orado por sus amigos; **y aumentó al doble todas las cosas que habían sido de Job.** Y vinieron a él todos sus hermanos y todas sus hermanas, y todos los que antes le habían conocido, y comieron con él pan en su casa, y se condolieron con él, y le consolaron de todo aquel mal que Jehová había traído sobre él; y cada uno de ellos le dio una pieza de dinero y un anillo de oro. Y bendijo Jehová el postrer estado de Job más que el primero; porque tuvo catorce mil ovejas, seis mil camellos, mil yuntas de bueyes y mil asnas, y tuvo siete hijos y tres hijas."

Tú preguntarás, ¿por qué no recibió el doble de los hijos? La respuesta es porque él no perdió los primeros siete hijos y tres hijas. Ellos estaban esperándole en el cielo, donde tendría él al final el doble de los hijos.

Por favor escúcheme bien, si ahora mismo usted está teniendo más dificultades de las que jamás ha conocido, ¿será que Dios le está diciendo al diablo, "Anda y tiéntalos, pero te digo, diablo, que ellos se mantendrán fieles y confiarán en Mí."

¿Está Dios tan agradado de tu caminar con

Él que no le importa alardear de ti delante del diablo? Vamos, santos, griten conmigo. ¡Llegará un tiempo cuando **Dios** te devolverá el DOBLE POR TU PROBLEMA! Job rehusó rendirse. No sólo estaba Job demasiado desesperado para ser denegado, sino que él se rehusó a negar a Dios.

¡Cuando llegas a este lugar en Él, tu bendición llegará!

Ora la Oración De Fe

Sin Fe Es Imposible Agradarle

15

Ora la Oración

De Fe

Ahora bien, quizás haya alguien que ha leído este libro y necesita una respuesta ahora mismo. Por favor, permítame orar con usted.

Sólo repita esta oración en alta voz después de mí: Amado y dulce Jesús, Tus oídos están atentos a nuestro clamor, y yo te pido ahora mismo que por favor escuches el clamor de Tus hijos. Señor, hay tantas personas desesperadas en el mundo hoy, humildemente te pedimos, oh, Señor, que contestes esta oración. Une nuevamente esa familia que Satanás está tratando de destruir. Saca las drogas y el alcohol fuera de esa casa que está siendo destruida, y Padre, escúchame ahora concerniente a aquellos que están perdidos. Que el Espíritu del Dios Todopoderoso comience a atraerlos

a tu lado. ¿Cómo podrán venir a menos que Tu Espíritu los atraiga? Concédeme este favor, Señor, y
las alabanzas fluirán continuamente de mi boca.

¡GRACIAS, JESÚS!

Por último, no puedo terminar este libro sin
ofrecer el mejor regalo que jamás hubo y que es,
para ti, lector. Quizás un amigo o un extraño te
dio este libro porque sabía que estabas pasando
tiempos difíciles, y necesitabas meterte a solas
con Dios para conseguir tu respuesta. Él es la respuesta a todo problema, en todo lugar, en todo
tiempo. Por favor, invítale a ayudarte. Por favor,
invítale a entrar en tu vida y arreglarla para lo mejor. Por favor, invítale a entrar en tu corazón y
quedarse; ahora mismo, hoy. Yo voy a hacer esta
corta oración por ti, y todo lo que tienes que
hacer es repetirla en alta voz y creer que sucederá:
Amado Jesús, perdona mis pecados. Me arrepien-
to del mal que he hecho y deseo hacer el bien.
Creo que Tú eres el Hijo de Dios, y creo que mo-
riste en la cruz por mí. Creo que resucitaste y que

vives hoy. Entra en mi corazón para siempre. Necesito tu ayuda desesperadamente. Espíritu Santo de Dios, ayúdame a vivir una vida santa, agradable a Dios. Te doy el completo dominio de mi vida para remover toda maldad de mí. Gracias por escribir mi nombre en el Libro de la Vida, y por favor ayuda a mi familia y seres queridos a aceptarte como Señor y poder llegar al cielo también. Te lo pido en el nombre de Jesús, ¡Amén!

Bienvenido a casa, tú que te has unido al cuerpo de Cristo, y tienes una hermosa eternidad esperando por ti en el cielo. Mantén un estilo de vida santo y puro, y un corazón humilde, lleno de amor y compasión, y tu futuro estará seguro.

...Por favor ora a tu Padre Celestial todos los días, y pídele que Su presencia llene tu vida, tu habitación, tu corazón y tu mente.

...Consigue una Biblia, quizás una que sea fácil de entender al principio, como la versión Amplificada, o la Traducción en Lenguaje Actual, o la Versión Reina Valera 1995. Léela tanto como puedas. Estúdiala y cree las promesas que Él te ha dado. Entonces ve y vive como la Biblia enseña que los cristianos deben vivir.

...Recuerda que no siempre debes seguir los ejemplos de otra gente, (las personas son seres humanos, y cometen errores). ¡Sólo sigue el ejemplo de Jesucristo mismo!

...Mira la televisión cristiana, escucha música cristiana y mensajes de enseñanza cristiana, y no vaciles ni te avergüences en encontrar una iglesia que te permita adorar a Dios con libertad.

Recuerda que el Señor nunca te dejará ni te abandonará. ¡La respuesta a tu oración está más cerca de lo que piensas!

INGLÉS Y ESPAÑOL

Otros libros por el Pastor Upthegrove:

"La Espera... El Poder... La Evidencia"

Estaba solo en el bosque, orando, ayunando, aguardando y esperando que Dios me hablara, pero no escuchaba nada. Al comienzo del décimo día, el diablo asomó su fea cara. Recuerdo que me decía, "A nadie le importaría si tú te mueres, y a nadie le importa si tú ayunas." Lágrimas comenzaron a bajar por mis mejillas, y pensé que perdería la batalla. Yo había decidido que mejor moriría en medio de la nada que irme de allí sin escuchar la voz del Señor. Mientras dormía allí acostado, recuerdo haber sido despertado repentinamente por una brillante luz. La luz se expandía en muchos rayos hermosos de luz que se acercaban más y más al árbol donde yo estaba, hasta que lo envolvió por completo brillando sobre mí como un gran foco. En un instante, todos los rayos se unieron y tomaron forma, transformándose en el más hermoso ángel que usted pueda imaginar.

ISBN: 0-9716523-6-8

INGLÉS Y ESPAÑOL

"Caminando en Su Poder"

Solo en un cuarto oscuro, esperaba escuchar la voz del Señor. Él me había dado instrucciones de que ayunara por otros 40 días, antes de orar por su pueblo. Sintiéndome físicamente débil, pero fuerte en los espiritual, me recosté en la cama que estaba localizada en el cuarto superior localizado en los altos del santuario. Minutos antes de comenzar el servicio, una luz brillante alumbró el cuarto donde yo estaba recostado. Mientras la luz llenaba el cuarto, un hermoso ángel celestial se paró arriba frente a mí, mirándome, y sosteniendo en sus manos una pluma y una libreta. Me senté pensando que la respuesta a mis oraciones estaba escrita en aquella libreta , pero la libreta estaba en blanco. Mi Padre Celestial había enviado un ángel con una pluma y una libreta para que yo escribiera en ella los deseos de mi corazón, al yo orar por Su pueblo. De esa no-

150

che en adelante, lo que yo escribí en esa libreta se ha cumplido.

ISBN: 0-9763695-7-5

.....Mientras leía el primer libro del Pastor Upthegrove, "La Espera... El Poder... La Evidencia," encontré que no podía dejar de leerlo. No pude contener mis lágrimas mientras lo leí por completo de una sentada. Los milagros y testimonios son tan reales que deseé que el libro no hubiera terminado. Rosie--Fort Walton Beach, Florida

.....Después de haber leído el libro del Pastor Upthegrove acerca de las sanidades, salí a buscar más de sus libros porque me quedé con deseos de escuchar más. Michelle Wilson---Ravenna, Michigan

.....La presencia de Dios bajó en la reunión aquella noche mientras el Pastor Upthegrove oraba por los enfermos. Vi la pierna de un hombre crecer frente a mis ojos. Vi a una mujer ser libre de una fuerte depresión, y yo mismo fui sanado. ¡Dios bendiga este hombre por continuar poniendo sus manos sobre los enfermos después de todos estos años! Rev. Cornelius Dan---Salt Lake City, Utah

Epílogo

El Reverendo C. S. Upthegrove cuenta la historia de su vida como evangelista de sanidad divina y milagros. Su ministerio tomó un giro drástico en noviembre de 1957, durante un ayuno por instrucción del Espíritu Santo. Sus oraciones apasionadas y ayuno con agua solamente, resultaron en un mensaje personal de parte del Señor entregado por medio de un ser angelical. Poco después, A. A. Allen ordenó a C. S. Upthegrove como pastor de la Iglesia Valle del Milagro en Arizona. A pesar de que miles de personas han recibido sanidades y milagros, él ha continuado la instrucción del Señor quedándose fuera del foco público. En este momento de su vida, el Señor ha lanzado a C. S. Upthegrove para compartir la historia de su vida en este libro y algunos otros que le siguen. Muchos de estos milagros y testimonios han sido capturados en cinta de video para así revelar la gloria manifiesta de Dios.

Para información y otros recursos
Del ministerio de C. S. Upthegrove,
o si desea conocer si estará ministrando
en su área,
por favor escriba o llame.

Hope Harvest Publishing
www.hopeharvest.net
PO Box 8353
Kentwood, MI
49518
616-248-7990

C.S. Upthegrove Ministries
North Jog Road
West Palm Beach, Florida
33413
561-478-2284